yukismart.com/b/6073a6

Katze

แมว

maeo

Hund

สุนัข

sunak

Fisch

ปลา

pla

Vogel

นก

nok

Henne

แม่ไก่

mae kai

Hahn

ไก่ตัวผู้

kaituaphu

Küken

ลูกไก่

lukkai

Ei

ไข่

khai

Kuh
วัว

wua

Schaf
แกะ

kae

Schwein
หมู

mu

Ziege
แพะ

phae

Pferd

ม้า

ma

Esel

ลา

la

Maus

หนู

nu

Hase

กระต่าย

kratai

Truthahn
ไก่งวง
kainguang

Gans
ห่าน
han

Pfau
นกยูง
nokyung

Ente
เป็ด

pet

Entenküken
ลูกเป็ด

luk pet

Schwan

หงส์

hong

Libelle
แมลงปอ
malaengpo

Fliege
แมลงวัน
malaengwan

Ameise
มด
mot

Ameisenbär
ตัวกินมด
tuakinmot

Marienkäfer
แมลงเต่าทอง
malaengtaothong

Regenwurm
ไส้เดือน
saiduean

Nacktschnecke
ทาก
thak

Raupe
หนอนผีเสื้อ

nonphisuea

Schnecke
หอยทาก

hoithak

Schmetterling
ผีเสื้อ

phisuea

Heuschrecke
ตั๊กแตน

takkataen

Biene

ผึ้ง

phueng

Honig

น้ำผึ้ง

namphueng

Spinne

แมงมุม

maengmum

Gras

หญ้า

ya

Käfer

ด้วง

duang

Mücke

ยุง

yung

Skorpion

แมงปอง

maengpong

Eidechse

กิ๊งก่า

kingka

Schildkröte

เต่า

tao

Krabbe

ปู

pu

Garnele

กุ้ง

kung

Hummer

กุ้งมังกร

kungmangkon

Wal

วาฬ

wan

Hai

ปลาฉลาม

plachalam

Stachelrochen

ปลากระเบน

plakraben

Delfin

โลมา

loma

Seeigel

เม่นทะเล

menthale

Qualle

แมงกะพรุน

maengkaphrun

Tintenfisch

ปลาหมึก

plamuek

Seestern

ปลาดาว

pladao

Möwe

นกนางนวล

noknangnuan

Meer

ทะเล

thale

Pelikan

นกกระทุง

nokkrathung

Kormoran

นกอ้ายงั่ว

nok-aingua

Muscheln

เปลือกหอย

plueakhoi

Sand

ทราย

sai

Elefant

ช้าง

chang

Zebra

ม้าลาย

malai

Giraffe

ยีราฟ

yirap

Schlange

งู

ngu

Krokodil

จระเข้

chorakhe

Löwe
สิงโต
singto

Tiger
เสือ
suea

Nilpferd
อิปโปโปเตมัส
hippopotemat

Nashorn

แรด

raet

Gepard
เสือชีตาห์

sueachita

Kamel
อูฐ

ut

Antilope
ละมั่ง

lamang

Flamingo

นกฟลามิงโก้

nok fla ming ko

Strauß

นกกระจอกเทศ

nokkrachokthet

Storch

นกกระสา

nokkrasa

Papagei
นกแก้ว
nokkaeo

Gorilla
กอริลลา
korinla

Affe
ลิง
ling

Koala
โคอาล่า
kho-a la

Panda
หมีแพนด้า
miphaenda

Känguru
จิงโจ้
chingcho

Igel
เม่น

men

Eichhörnchen
กระรอก

krarok

Wolf
หมาป่า

mapa

Fuchs
สุนัขจิ้งจอก

sunakchingchok

Waschbär

แรคคูน

rae

Bär

หมี

mi

Hirsch

กวาง

kwang

Adler

นกอินทรี

nok-insi

Fledermaus

ค้างคาว

khangkhao

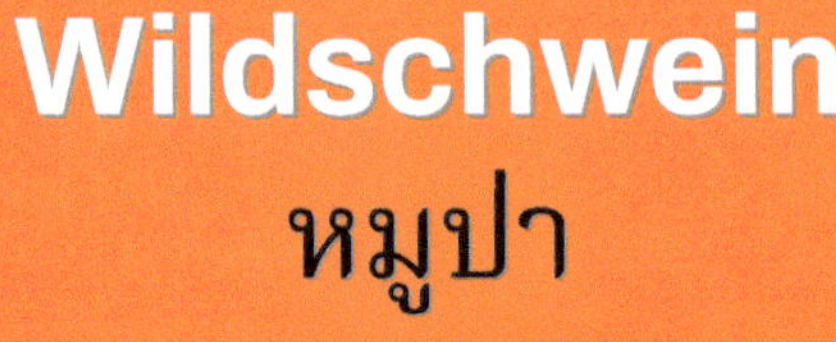

Wildschwein

หมูป่า

mupa

Krähe

อีกา

ika

Eule

นกฮูก

nokhuk

Specht
นกหัวขวาน
nokhuakhwan

Iltis
พังพอนเหม็น
phangphon men

Maulwurf
ตุ่น
tun

Biber
บีเวอร์
bi woe

Eisbär
หมีขั้วโลก
mikhualok

Schnee
หิมะ
hima

Pinguin
เพนกวิน
phenkawin

Schneeeule
นกเค้าแมวหิมะ
nokkhaomaeo hima

Wald

ปา

pa

Berg

ภูเขา

phukhao

Narwal

วาฬนาร์วาล

wan na wan

Orca

วาฬเพชฌฆาต

wanphetchakhat

Walross

วอลรัส

wonrat

Robbe

แมวน้ำ

maeonam

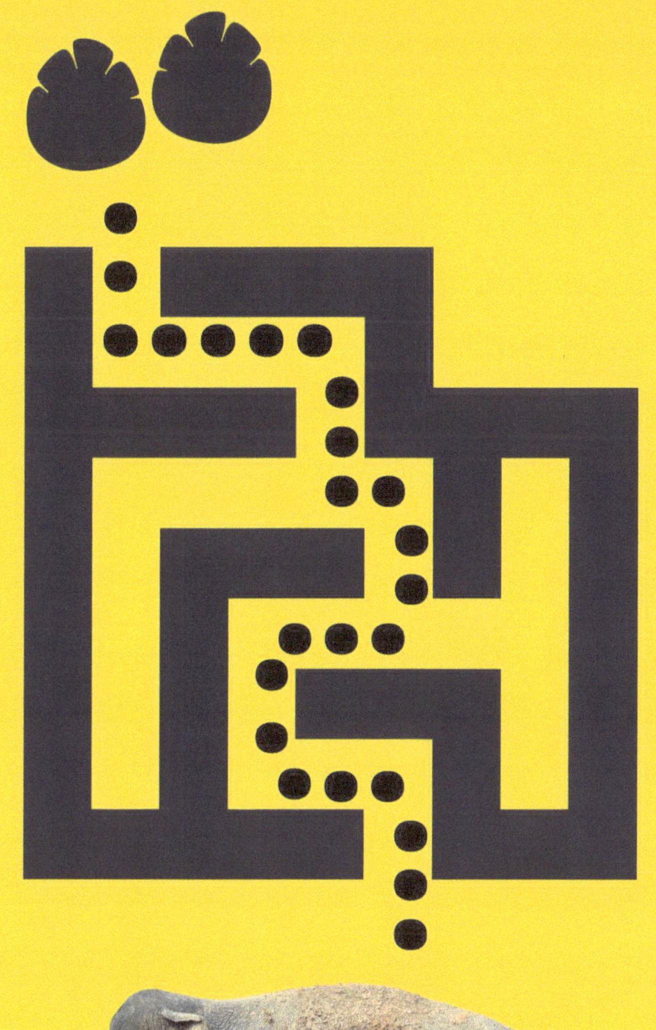

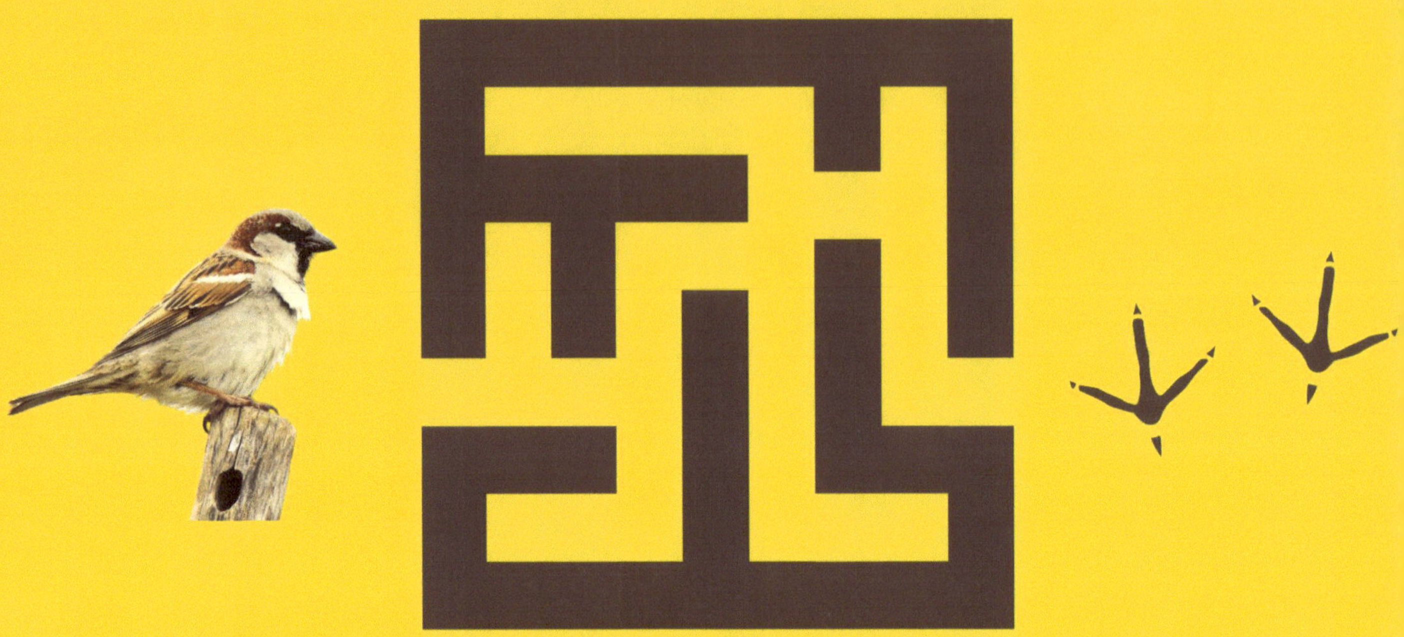

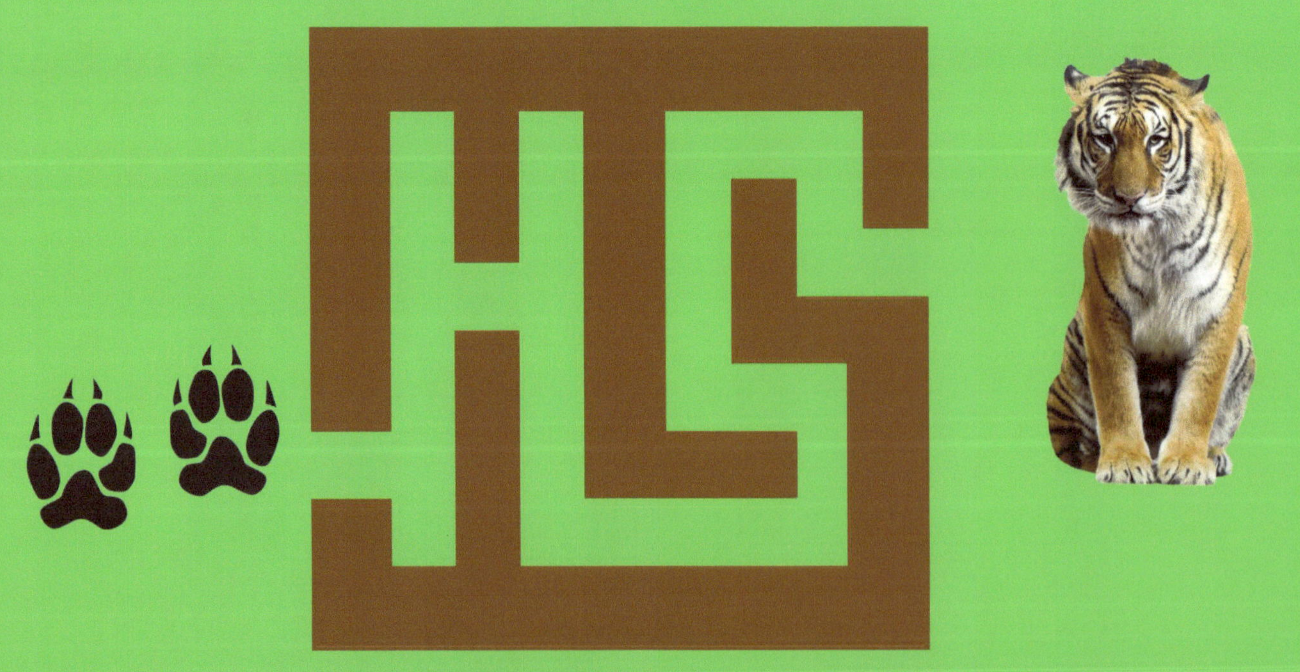

9 782384 127542